LA CROISADE

DU

SACRÉ CŒUR DE JÉSUS

POUR LE SALUT

DE LA FRANCE

PAR

Le P. Marin de Boylesve

DE LA COMPAGNIE DE JÉSUS

SIXIÈME ÉDITION

RELIGION PATRIE

✠ ✠

✠

PARIS	LE MANS
POUSSIELGUE FRÈRES	LEGUICHEUX-GALLIENNE
Rue Cassette. 27	Rue Marchande, 15

1873

Prix : 10 c. — Le cent : 7 fr.

Imprimatur :

Cenomani die quintâ novembris 1870.

† CAROLUS, Ep. Cenoman.

Imprimatur :

Cenomani die septima martii 1872.

† CAROLUS, Ep. Cenoman.

LA CROISADE

DU

SACRÉ CŒUR DE JÉSUS

Tout chrétien naît soldat. Et dans la lutte dont il s'agit ici, les femmes, les enfants même, sont appelés à prendre part au combat. C'est donc à tous les chrétiens, et spécialement à tous les enfants légitimes de la France très-chrétienne que s'adresse l'appel à la croisade. En temps de guerre trois choses sont nécessaires : 1º l'étendard pour rallier les combattants : notre signe de ralliement sera le Cœur de Jésus; 2º l'union qui fait la force : cette union se fera par la croisade de tous les chrétiens ligués pour le maintien des droits sacrés qui nous sont assurés par les commandements de Dieu et de l'Eglise; 3º l'ordre sans lequel la victoire est impossible : par l'ordre du jour que nous allons proposer, chacun saura comment il doit vivre pour soutenir l'honneur du drapeau.

I. LE CŒUR DE JÉSUS

ÉTENDARD DE L'ÉGLISE ET DE LA FRANCE

Hoc signo vinces.
Par ce signe tu vaincras.

Ici, nous ne ferons que transcrire la relation de la Bienheureuse Marguerite-Marie.

« Un jour, écrit-elle, le divin Cœur de Jésus me fut présenté comme dans un trône tout de feu et de flammes, rayonnant de tous côtés, plus brillant que le cristal ; la plaie y paraissait visiblement ; il y avait une couronne d'épines autour de ce sacré Cœur, et une croix au-dessus. »

Ecoutons à présent le Sauveur lui-même :

« Voilà, dit-il à sa fidèle servante, voilà ce Cœur qui a tant aimé les hommes, qu'il n'a rien épargné, jusqu'à s'épuiser et se consumer pour leur témoigner son amour ; et, pour reconnaissance, je ne reçois de la plus grande partie que des ingratitudes, par les mépris, les irrévérences, les sacriléges, les froideurs qu'ils ont pour moi dans ce Sacrement d'amour. »

A ces trop justes plaintes, Jésus ajouta les plus consolantes promesses en faveur de

ceux qui se consacrent à son divin Cœur.
En voici le résumé.

PROMESSES DU CŒUR DE JÉSUS

I. Abondance des influences du divin amour sur ceux qui feront au Cœur de Jésus une réparation d'honneur par une amende honorable et par une communion le vendredi après l'octave du Saint Sacrement.

II. Abondance de ses dons et toutes sortes de bénédictions partout où l'image de ce Cœur divin sera exposée pour y être singulièrement honorée.

III. Aux personnes séculières : secours nécessaires à leur état, paix dans leurs familles, consolation dans leurs plus grands chagrins, soulagement dans leurs maux, bénédiction du ciel dans toutes leurs entreprises.

IV. Aux personnes religieuses : première ferveur, régularité dans la communauté, comble de la perfection, art de toucher les cœurs les plus endurcis.

V. A tous : Ils obtiendront toutes leurs demandes pendant leur vie par ce sacré Cœur, et principalement à l'heure de la mort.

VI. A ceux qui désirent le faire aimer et honorer : Leurs noms sont écrits dans ce Cœur sacré et ils n'en seront jamais effacés.

PROMESSES SPÉCIALES A LA FRANCE

Voici, écrit la Bienheureuse Marguerite-Marie, le vendredi après l'octave du Saint Sacrement, 17 juin 1689, voici les paroles que j'entendis :

« Fais savoir au FILS AÎNÉ DE MON SACRÉ CŒUR, — parlant de notre roi (Louis XIV) — que, comme sa naissance temporelle a été obtenue par la dévotion aux mérites de ma sainte enfance, de même il obtiendra sa naissance de gloire éternelle par la consécration qu'il fera de lui-même à mon Cœur adorable qui veut triompher du sien, et par son entremise, de celui des grands de la terre. Il veut régner dans son palais, être peint dans ses étendards et gravé dans ses armes, pour les rendre victorieuses de tous ses ennemis, en abattant à ses pieds ces têtes orgueilleuses et superbes, pour le rendre triomphant de tous les ennemis de la sainte Église. »

Mais la France de Louis XV et de Voltaire, la France sacrilége de 93 qui profana les autels, égorgea les prêtres et détrôna deux Papes, cette France est-elle encore la *fille ainée du Sacré Cœur?* Voici la réponse.

Le 21 juin 1823, Jésus-Christ adressait ces paroles à la mère Marie de Jésus : « La France est toujours bien chère à mon divin Cœur et elle lui sera consacrée. Mais il faut que ce soit le roi lui-même qui consacre sa personne, sa famille et tout son royaume à mon divin Cœur, et qu'il lui fasse, comme je l'ai dit, élever un autel comme on en a élevé un déjà en l'honneur de la sainte Vierge. Je prépare à la France un déluge de grâces, lorsqu'elle sera consacrée à mon divin Cœur. Eh quoi! reprit Notre-Seigneur, les outrages faits à la majesté royale ont été réparés publiquement, et les outrages sans nombre que j'ai reçus dans le Sacrement de mon amour n'ont pas encore été réparés!

« Je prépare toutes choses; la France sera consacrée à mon divin Cœur, et toute la terre se ressentira des bénédictions que je répandrai sur elle. La foi et la religion refleuriront en France par la dévotion à mon divin Cœur. » (*Vie de M. A. de la Fruglaye. Notice sur la Mère Marie de Jésus.*)

Il ne nous appartient pas d'apprécier l'autorité de ce dernier témoignage. Un mot seulement. Ce qui perd la France, c'est l'indifférence et l'égoïsme; ce qui sauvera la France, ce sera le dévouement et le sacrifice. Pour rendre à la nation très-chrétienne son nom et son rang, que faut-il donc? Un homme de cœur. — Or, où est la source du sang qui fait les grands cœurs? Au Cœur sacré de Jésus. — Consacrons-nous à ce Cœur, le plus grand, le plus fort, le plus héroïque qui fut jamais, et tous nous serons des hommes de cœur. Délivrée alors de la double invasion de l'hérésie du dehors et de l'impiété du dedans, la fille aînée de l'Église reprendra son poste auprès du Vicaire de Jésus-Christ, et le monde reverra les hauts faits de Dieu par les Francs : *Gesta Dei per Francos.*

PRATIQUE

Sans être roi, vous possédez un palais, le palais de votre cœur. A l'exemple des soldats de la foi, fixez sur votre cœur l'image du Cœur de Jésus. Le Cœur de Jésus régnera dans votre palais, le Cœur de Jésus sera votre étendard; le Cœur de Jésus brillera dans vos armes, et quand l'ennemi, visible ou invisible, s'avancera contre vous, vous lui jetterez cette fière devise : Arrête! le Cœur de Jésus est là!

AMENDE HONORABLE

Jésus, vrai Dieu et vrai homme, Roi immortel des siècles, des peuples et des rois, par un dernier effet de votre amour, vous nous présentez votre divin Cœur, transpercé par la lance, couronné d'épines, surmonté d'une croix et tout environné de flammes.

Le voilà donc ce Cœur qui a tant aimé les hommes! et, pour reconnaissance, il ne reçoit de la plupart que des ingratitudes, par les mépris, les irrévérences, les sacriléges et les froideurs dont il est l'objet, et dans la très-sainte Eucharistie, où vous êtes réellement présent, ô divin Jésus, et dans la sainte Église, qui, dans un autre sens, et selon le langage de saint Paul, est aussi votre corps.

Pardon, ô Jésus, pour les impies et les indifférents qui se sont ligués contre la sainte Eglise, votre épouse et notre mère, et contre le Pape, votre Vicaire et notre père ;

Pardon pour les blasphémateurs qui, dans leurs discours et leurs écrits, ne cessent d'insulter votre saint Nom, votre doctrine, votre culte et votre Église ;

Pardon pour ces hommes d'argent, qui, non contents de profaner eux-mêmes le saint jour du dimanche, vont jusqu'à refuser à leurs inférieurs la liberté de sanctifier ce saint jour par l'assistance à la messe et par la cessation des travaux défendus ;

Pardon pour ces enfants, ces serviteurs, ces peuples, qui ne savent plus reconnaître et respecter les représentants de votre autorité dans la personne des parents, des maîtres, et des supérieurs spirituels ou temporels ;

Pardon pour ces parents, ces maîtres, ces supérieurs faibles ou indifférents, qui oublient qu'ils n'ont reçu le pouvoir que pour vous faire honorer et pour assurer à leurs inférieurs la facilité de vous servir et de se sauver, et qui n'osent pas, ou ne veulent pas réprimer l'erreur et le vice, et empêcher le scandale de la parole et de l'exemple ;

Pardon pour ces parents qui oublient que Dieu leur a confié l'âme et le salut de leurs enfants, et qui ne craignent pas de les livrer à des maîtres irréligieux ou immoraux ;

Pardon pour les assassins que l'éducation irréligieuse et la presse impie ont multipliés d'une façon si effrayante ; pardon surtout pour les assassins des âmes, pour les impies et pour les libertins scandaleux ;

Pardon pour les esclaves de la volupté, qui ne rougissent pas de profaner, dans leur personne ou dans autrui, le temple de l'Esprit-Saint et les membres de leur Sauveur ;

Pardon pour ces chrétiens qui, ne comprenant plus que les choses de la terre et du temps, sont toujours prêts, comme Judas, à trahir, pour un intérêt personnel, leur foi, leur conscience, leur religion et leur Dieu ;

Pardon pour ceux qui se font les échos ou les dupes des absurdes et indignes calomnies qu'une presse impie ne cesse d'inventer contre vos prêtres, et surtout contre votre Vicaire, notre Saint-Père le Pape ;

Pardon, surtout, pardon pour ces catholiques timides qui n'osent se montrer enfants de votre sainte Église par l'observation de ses lois concernant l'assistance à la messe, la communion pascale et les jours d'abstinence;

Pardon pour ces chrétiens faibles qui devant les hommes rougissent de vous, de votre Nom, de votre Évangile, de votre Église, de votre Vicaire, oubliant qu'au jour du Jugement, en présence de tous les hommes et de tous les anges, vous rougirez d'eux devant votre Père céleste.

Pardon pour nous-mêmes, ô Jésus, car quel est parmi nous celui qui n'a aucune faiblesse à se reprocher?

Vivement touchés et profondément émus, à la vue des outrages que l'impiété ne cesse de vous prodiguer et dans le sacrement de votre amour, et dans votre sainte Église, et spécialement dans la personne de votre Vicaire, notre Saint Père le Pape, nous nous engageons sur l'honneur à les réparer selon la mesure de notre pouvoir, et à ne rien permettre de la part de nos inférieurs contre l'honneur de votre saint Nom et de votre divin Cœur.

Qu'ainsi Dieu nous soit en aide : nous maintiendrons.

CONSÉCRATION

Jésus, vrai Dieu et vrai homme, Roi immortel des siècles, des peuples et des rois, nous consacrons à votre divin Cœur, nos personnes, nos familles et autant qu'il dépend de nous, la France, votre fille bien-aimée, et l'Église notre mère.

De votre côté, ô Jésus, accordez-nous la grâce et l'honneur d'être admis sous le glorieux étendard de votre sacré Cœur, et daignez recevoir le serment de fidélité qui fut prêté pour nous au jour de notre baptême, puis par nous au jour de notre première communion. Nous le renouvelons à cette heure, par la résolution de mourir plutôt que de jamais nous séparer de vous par le péché. Ce n'est pas assez : nous vous offrons tout ce que nous sommes, tout ce que nous avons, tout ce que nous pouvons, toutes nos pensées, toutes nos paroles, toutes nos actions, toutes nos souffrances, notre vie toute entière et surtout notre mort.

O Marie, conçue sans péché, Vierge immaculée, Mère de Jésus et notre mère, présentez vous-même les cœurs de vos enfants au Cœur sacré de votre divin Fils.

Et vous, digne Époux de Marie, Père adoptif de Jésus, grand saint Joseph, protecteur de la sainte Église, aidez-nous à maintenir nos engagements envers Jésus, notre Sauveur et notre Roi. Ainsi soit-il.

AUTRE PLUS COURTE

Jésus, Roi immortel des siècles, des peuples et des rois, désirant réparer les outrages que l'impiété vous prodigue et dans le Sacrement de votre amour et dans la personne de votre Vicaire, notre saint Père le Pape, je consacre à votre divin Cœur ma personne, ma famille, et, autant qu'il dépend de moi, la France, fille aînée de ce Cœur sacré, et l'Eglise universelle, notre Mère.

LITANIES

DES PATRONS PRINCIPAUX DE LA FRANCE
Pour obtenir par l'intercession de

MARIE CONÇUE SANS PÉCHÉ

LE TRIOMPHE DE LA RELIGION ET DE LA PATRIE
PAR LE CŒUR DE JÉSUS.

Seigneur, ayez pitié de la France.

Jésus-Christ, ayez pitié de la France.

Seigneur, ayez pitié de la France.

Jésus, écoutez-nous.

Jésus, exaucez-nous.

Père céleste, qui êtes Dieu, ayez pitié de la France.

Fils, Rédempteur du monde, qui êtes Dieu, ayez pitié de la France.

Esprit-Saint, qui êtes Dieu, ayez pitié de la France.

Jésus, par votre divin Cœur, sauvez la France.

Marie, conçue sans péché, priez pour la France.

N.-D. du Sacré-Cœur,

INTÉRIEUR.

N.-D. de France (*Chartres et le Puy*),
N.-D. des Victoires (*Paris*),
N.-D. de Fourvière (*Lyon*),
N -D. de Liesse (*Soissons*),
N.-D. de Cléry (*Orléans*),
N.-D. de la Salette (*Grenoble*),
N-D. du Pontmain (*Laval*),

FRONTIÈRES.

N.-D. DE MARIENTHAL (STRAS-BOURG (*EST*),
N.-D. de la Treille (*Lille*) (NORD),
N.-D. de Lourdes (*Tarbes*) (SUD),

CÔTES.

N.-D. de la Garde (*Marseille*) (SUD),
N.-D. de Verdelais (*Bordeaux*) (O.),

Priez pour la France.

CÔTES. { N.-D. du Folgoët (*Brest*) (OUEST),
N.-D. du Vœu (*Cherbourg*) (NORD),
N.-D. de Bon-Secours (*Rouen*) (N.),
Saint Michel,
Saints Anges gardiens,
Saint Joseph,
Saint Pierre,
Saint Denis,
Saint Irénée,
Saint Hilaire,
Saint Martin,
Saint Julien,
Saint Loup,
Saint 'Aignan,
Saint Waast,
Saint Remi,
Saint Jean de Matha,
Saint Félix de Valois,
Saint Bernard,
Saint Louis,
Saint François Régis,
Saint François de Sales,
Saint Vincent de Paul,
Bienheureux Pierre Fourier,
Bienheureux Benoît-Joseph Labre,
Sainte Anne,
Sainte Geneviève,

Sainte Clotilde,
Sainte Radegonde,
Sainte Jeanne de Valois,
Sainte Jeanne-Françoise (de Chantal),
Sainte Germaine (Cousin),
Bienheureuse Françoise (d'Amboise)
Bienheureuse Jeanne-Marie (de Maillé),
Bienheureuse Marguerite-Marie,
Saints et Saintes de la France, priez pour
que la France soit toujours la fille aînée
de l'Église et la nation très-chrétienne.

O Marie, conçue sans péché, mère de Jésus et notre mère, nous vous consacrons nos âmes et nos corps, nos esprits et nos cœurs, nos pensées et nos désirs, nos paroles et nos œuvres, nos travaux et nos souffrances, nos combats et nos triomphes, nos joies et nos douleurs, notre vie et notre mort, nos familles, notre patrie temporelle et notre patrie spirituelle, la France et l'Église.

II. LA SAINTE LIGUE

Sous l'inspiration de Satan, ennemi de Dieu et de l'homme, les impies et les méchants se sont ligués contre le Seigneur et son Christ, contre son Église et contre son Vicaire. Liguons-nous donc, nous aussi, et, unis tous ensemble dans le Cœur de Jésus, notre Dieu et notre Roi, à l'exemple de nos aïeux, croisons-nous pour la défense de la religion et de la patrie, de l'Église et de la France très-chrétienne.

Ce que nous avons à faire est nettement marqué par les commandements de Dieu et de l'Église. Là se trouvent résumés tous nos devoirs et en même temps tous nos droits.

Ier Com. Foi en Dieu, espérance en Dieu, amour de Dieu par dessus toutes choses. — Présence de Dieu. — Prière le matin, le soir, au commencement et à la fin des principales actions, surtout dans les tentations. — Apostolat de la prière.

IIe Com. Respect du saint nom de Dieu. — Acte d'adoration quand on entend un blasphème. — Propagation des bons livres et des journaux religieux. — Destruction des mauvais ; mais pour les détruire, gardez-vous bien de les acheter : ce serait encourager la spéculation, qui les aurait bientôt remplacés. — Zèle pour la propagation de la Foi.

IIIe Com. Sanctification du dimanche. — Assistance à la messe et à l'instruction religieuse. — Bonnes œuvres : visite des pauvres, des malades. — Revue de la semaine qui vient de finir, révision de la semaine qui commence. — Hors le cas de nécessité, ne jamais travailler, ni faire travailler le dimanche. — Encourager les artisans et les marchands qui respectent le repos du saint jour, en leur donnant votre pratique, et la retirant, au contraire, à ceux qui ne le respectent pas.

IVe Com. Respect et obéissance aux supérieurs comme aux représentants et aux ministres de l'autorité de Dieu. — Douceur et charité vigilante à l'égard des inférieurs. — Leur faciliter la pratique de la religion et de la vertu. — Ne permettre aucune parole, aucune action opposée à la religion ou aux bonnes mœurs. — Assurer la liberté complète de l'enseignement chrétien. — Empêcher de tout son pouvoir l'éducation irréligieuse, indifférente et immorale.

Ve Com. Horreur du scandale qui tue les âmes.

VIe et IXe Com. Mépris de la mollesse et de la sensualité. — Mortification des sens.

— Occupation constante et variée qui ne laisse aucune place à l'oisiveté. — Ne rien négliger pour faire disparaître tout ce qui offense les bonnes mœurs : livres, journaux, images, statues, toilettes, fêtes et réunions trop libres.

VIIe et Xe Com. Amour des pauvres, aumône. — Concours généreux aux œuvres de religion et de charité.

VIIIe Com. Horreur du mensonge, de la médisance et de la calomnie.

Commandements de l'Eglise. — Respect et docilité filiale aux ordres et aux conseils de l'Église et du Pape. — Sachant que le respect humain est une folie et une lâcheté, faites-vous gloire de vous montrer catholiques par l'observation des lois de l'Église sur la fréquentation des sacrements, sur l'assistance aux offices, et sur le jeûne et l'abstinence aux jours marqués.

III. ORDRE DU JOUR

Age quod agis. *Qui ordini vivit, Deo vivit.*
Fais bien ce que tu fais. Vie réglée, vie divine.

I. Lever. — A heure fixe. — Au nom du Père et du Fils et du Saint-Esprit. Ainsi soit-il. — Jésus, Marie, Joseph, je vous offre mon cœur. — Résolution de combattre le défaut dominant. — Penser au sujet de la méditation.

II. PRIÈRE. — *Pater.* — *Ave.* — *Credo.* — Commandements de Dieu et de l'Église. — Actes de Foi, d'Espérance, de Charité, de Contrition. — Mon bon Ange, gardez-moi. — Mes saints patrons, protégez-moi.

III. MÉDITATION. — Lisez quelques versets de l'Evangile, réfléchissez, proposez-vous de conformer votre vie aux exemples et aux leçons du divin modèle et du divin maître. — Résolution : 1. Plutôt la mort que le péché. *Potius mori quam fœdari.* — Tout pour Dieu, par le Cœur de Jésus.

IV. MESSE. — Tous les dimanches. — Tous les jours même, si vous le pouvez. — Adorez, remerciez, repentez-vous, demandez. — Méditez sur la passion de Jésus-Christ. — Ou récitez le Chapelet.

V. CHAPELET.—Tous les jours, s'il se peut. — Au moins une dizaine. — En le récitant, rappelez-vous les mystères de la vie cachée, souffrante et glorieuse de Notre Seigneur Jésus-Christ et de sa très-sainte Mère.

VI. DEVOIRS. — A l'exemple de Jésus-

Christ, qui a bien fait toutes choses : *bene omnia fecit*, faites bien tout ce que vous avez à faire : *Age quod agis*. — Excellez, et distinguez-vous, non par vaine gloire, mais pour fermer la bouche à ceux qui calomnient la religion comme inconciliable avec les obligations de la vie présente : *In omnibus operibus tuis præcellens esto* (Eccl.), *ut in eo quod detrahunt vobis, confundantur.* (S. Pierre.)

VII. RELATIONS. — Envers les supérieurs : Respect et obéissance, sans bassesse, sans servilité. — Envers les inférieurs : Douceur et fermeté, sans mollesse, sans rigueur. — Envers les égaux : Complaisance et liberté, sans peur, sans fierté. — Envers tous : Charité toujours; respect humain, jamais.

VIII. LECTURE.—L'évangile du dimanche. —Un chapitre du catéchisme ou de l'Imitation. — La vie du saint du jour.

IX. PRIÈRE DU SOIR. — Notre Père. — Je vous salue, Marie. — Je crois en Dieu. — Examen de conscience sur les commandements, et sur le défaut dominant. — Je confesse à Dieu. — Acte de contrition. — Mon bon Ange, gardez-moi. — Mes saints Patrons, protégez-moi.

X. Coucher. — Avant le sommeil, *Ave Maria* pour les agonisants et pour les âmes du purgatoire. — Pensez au sujet de votre méditation du lendemain.—Rappelez-vous la mort, le jugement, le ciel, l'enfer. — Baisez la croix de votre chapelet, la médaille de la sainte Vierge, et votre scapulaire. — Invoquez Jésus, Marie, Joseph. — Faites le signe de la croix et endormez-vous, au nom du Père, et du Fils, et du Saint-Esprit. — Peut-être vous réveillerez-vous dans l'éternité.

LES QUATRE GRANDES VÉRITÉS

Mort, Jugement, Ciel, Enfer

I. Mort. — Je mourrai bientôt, plus tôt que je ne pense, aujourd'hui peut-être.

II. Jugement. — Je serai jugé par un Dieu qui voit tout, qui ne laisse pas sans récompense un verre d'eau donné en son nom, mais qui demande compte d'une parole inutile.

III. Ciel. — Si je meurs en état de grâce, j'irai au ciel, pour y jouir d'un bonheur éternel.

IV. **ENFER**. — Si je meurs en état de péché mortel, j'irai en enfer, pour y souffrir un supplice éternel.

LES QUATRE PORTES DE L'ENFER

Blasphème, Impureté, Scandale, Respect humain

1re *Porte*. **LE BLASPHÈME**. — Malheur à celui qui, par la parole ou par la plume, ose maudire le saint Nom de Dieu, insulter l'Église de Jésus-Christ ou ses ministres : un jour Dieu le maudira.

2e *Porte*. **L'IMPURETÉ**. — Malheur à celui qui, par sa parole ou par ses actes, profane un corps qui, par le baptême et par la communion, est devenu le temple de l'Esprit-Saint et le membre de Jésus-Christ : la mort peut le surprendre dans le crime.

3e *Porte*. **LE SCANDALE**. — Malheur à celui qui, par des discours, des livres ou des exemples impies ou corrupteurs, s'efforce de perdre les âmes : mieux vaudrait pour lui de n'être pas né.

4e *Porte*. **LE RESPECT HUMAIN**. — Malheur à celui qui rougit de Jésus-Christ devant les hommes : Jésus-Christ rougira de lui devant le Père céleste et devant tous les anges et tous les hommes assemblés.

CONFESSION ET COMMUNION

S'il se peut, tous les mois, — mieux tous les dimanches, — au moins aux plus belles fêtes : PAQUES, obligation sous peine de péché mortel; — Ascension, Pentecôte, Fête-Dieu ou Fête du Sacré-Cœur de Jésus (vendredi après l'octave de la Fête-Dieu), fête de saint Pierre et de saint Paul (29 juin), Assomption (15 août), Nativité de la sainte Vierge (8 septembre), fête de saint Michel (29 septembre), Toussaint (1er novembre), Immaculée Conception (8 décembre), Purification (2 février), fête de saint Joseph (19 mars), Annonciation (25 mars), Fête de votre saint Patron, Jour anniversaire de votre naissance.

Pratique pour la Confession.

Avant. 1º EXAMEN DE CONSCIENCE, d'après l'ordre des commandements.

1er. Prières. — Doutes volontaires contre la foi. — Présomption ou désespoir.

2ᵉ. Blasphèmes contre le saint nom de Dieu. — Paroles ou livres contraires à la religion.

3ᵉ. Travail le dimanche sans raison suffisante. — Messe manquée sans excuse légitime.

4ᵉ. Manque de respect ou d'obéissance envers les parents ou autres supérieurs.

5ᵉ. Colère, haine, violence contre le prochain.

6ᵉ et 9ᵉ. Pensées, désirs, paroles, regards, actions contraires à la pureté. — Lectures immorales. — Excès dans le boire ou le manger.

7ᵉ et 10ᵉ. Vol. — Dommage causé. — Refus d'aumône.

8ᵉ. Mensonge. — Médisance. — Calomnie.

Commandements de l'Église. — Gras les jours défendus. — Jeûne de Carême, des Quatre-Temps, des Vigiles.

2º CONTRITION : 1. Imparfaite. — *Motifs :* Enfer mérité. — Ciel fermé. — Perte des mérites passés et présents. — Laideur du péché.

2. Parfaite. — *Motifs :* Bonté de Dieu, ses bienfaits. — Les souffrances de Jésus-Christ durant sa passion.

Acte de contrition. — Ferme propos de se corriger.

Pendant. Mettez-vous à genoux et dites : Mon Père, bénissez-moi parce que j'ai péché.

Récitez le *Confiteor* (Je confesse à Dieu) jusqu'à *mea culpa* (c'est ma faute).

Dites combien il y a de temps que vous vous êtes confessé, si vous avez reçu l'absolution et accompli votre pénitence.

Dans le cas où vous auriez eu le malheur de ne pas déclarer tous les péchés graves dont vous aviez la conscience, sachez que toutes les confessions et communions faites depuis cette omission, sont autant de sacriléges, et que vous devez recommencer toutes vos confessions depuis la dernière absolution reçue validement, parce que l'omission volontaire d'un seul péché mortel rend nulle l'absolution de tous les péchés, même de ceux que l'on a déclarés.

Confessez vos péchés, en suivant l'ordre des commandements ; déclarez-en le nombre et l'espèce, autant que vous le pouvez.

Terminez ainsi la confession : De plus, je m'accuse de tous les péchés dont je ne me souviens pas et des péchés de ma vie passée, en particulier de *tel* ou *tel...* (et ici, lorsque vous avez le bonheur de ne point avoir de péché mortel à confesser, désignez un de vos anciens péchés dont vous ayez sûrement la contrition ; cette précaution est utile pour assurer la validité de l'absolution).

Finissez le *Confiteor*, en reprenant *mea culpa* (c'est ma faute).

Écoutez les avis du confesseur, et la pénitence qu'il vous impose.

Pendant que le prêtre vous donne l'absolution ou la bénédiction, faites un acte de contrition.

Après. Remerciez Dieu et accomplissez le plus tôt possible la pénitence qui vous a été imposée.

Pratique pour la Communion.

Avant. Rappelez-vous que vous allez recevoir le corps, le sang, l'âme et la divinité de Notre Seigneur Jésus-Christ, caché, mais présent dans l'hostie consacrée : croyez, espérez, aimez.

Pendant. Recevez la sainte Hostie avec respect.

Après. Adorez, remerciez, demandez pardon pour le passé et secours pour l'avenir.

Récitez *En ego* (Me voici, ô bon et très-doux Jésus), puis six *Pater, Ave, Gloria*, ou quelqu'autre prière aux intentions du Souverain Pontife, afin de gagner l'indulgence plénière.

Par la communion, Jésus demeure en vous, et vous demeurez en Jésus, osez donc répéter avec saint Paul : Je vis, non, ce n'est plus moi qui vis, c'est Jésus-Christ qui vit en moi. — Vienne l'ennemi, c'est maintenant que vous avez le droit de redire : ARRIÉRE : LE CŒUR DÈ JÉSUS EST LA !

—

VŒU NATIONAL

Au Sacré-Cœur de Jésus

POUR OBTENIR

LA DÉLIVRANCE DU SOEVERAIN PONTIFE

ET LE SALUT DE LA FRANCE

« En présence des malheurs qui désolent
« notre patrie, et des malheurs plus grands
« peut-être qui la menacent encore, en
« présence des attentats sacriléges commis
« à Rome contre les droits de l'Eglise et du

« Saint-Siége, et contre la personne sacrée
« du Vicaire de J.-C., nous nous humilions
« devant Dieu, et, réunissant dans notre
« amour l'Eglise et la France, nous recon-
« naissons que nous avons été coupables et
« justement châtié

« Et pour faire amende honorable de nos
« péchés, et obtenir de l'infinie miséri-
« corde du Sacré-Cœur de N.-S. J.-C. le
« pardon de nos fautes, ainsi que les se-
« cours extraordinaires qui seuls peuvent
« rendre au Souverain Pontife sa liberté et
« arrêter les malheurs de la France, nous
« promettons de contribuer à l'érection à
« Paris d'un sanctuaire dédié au Sacré-
« Cœur de Jésus. »

COMITÉ DE L'ŒUVRE

MM. Léon Cornudet, président, 102, rue
de Rennes, à Paris. Th. Dauchez, trésorier,
75, rue du Plessis, à Versailles. Le Gentil,
secrétaire, 51, rue du Paradis-Poissonnière,
à Paris. H. Rohault de Fleury, secrétaire,
à Chauconin, près Meaux.

OUVRAGES DU MÊME AUTEUR

Agenda du Chrétien, in-32, nouvelle édition.

Une Pensée par Jour, in-32. Chaque jour offre le sujet d'une méditation courte et pratique; l'ensemble de la semaine présente une lecture pour le dimanche.

Manuel des Congrégations de la Sainte Vierge, in-32, 2 édition.

Cantiques des Congrégations, in-32, 2 éd.

Année de Marie, in-32, 2 éd. Chaque jour offre : 1º un trait d'un saint dévot à Marie ; 2º une pensée pieuse 3º un texte des Pères en l'honneur de Marie : 4º une pratique ; 5º une prière.

Semaine de Marie ou les sept fêtes de la Sainte Vierge, in-32, 3 éd. A chaque fête correspond une méditation, qui étant divisée en neuf points (excepté celle des Sept Douleurs), peut servir de neuvaine préparatoire à la fête.

Manuel du Cœur agonisant, 2 éd.

Saint Joseph d'après l'Évangile, 3 éd. Trente et une méditations courtes et pratiques sur la vie et les vertus saint Joseph, pour chaque jour du mois de mars et pou mercredis de l'année.

Principes de Littérature, in-12, 6 éd.

Rhétorique, in-12, 3 éd.

Principes de Littérature, à l'usage des jeunes sonnes, in-12, 2 éd.

Réthorique, à l'usage des jeunes personnes, in-12.

Logique, in-12.

Cours de Philosophie, in-12.

Appel contre l'esprit du siècle, in-18, 4 éd.

Plan d'études et de lectures, in-18, 2 éd.

Guide du Catéchiste, in-18, 3 éd. Ce programme a pour but de guider l'enfant dans la rédaction des explications du catéchiste.

Le Triomphe de la Foi, in-12.

L'Église et le Pape, in-12.